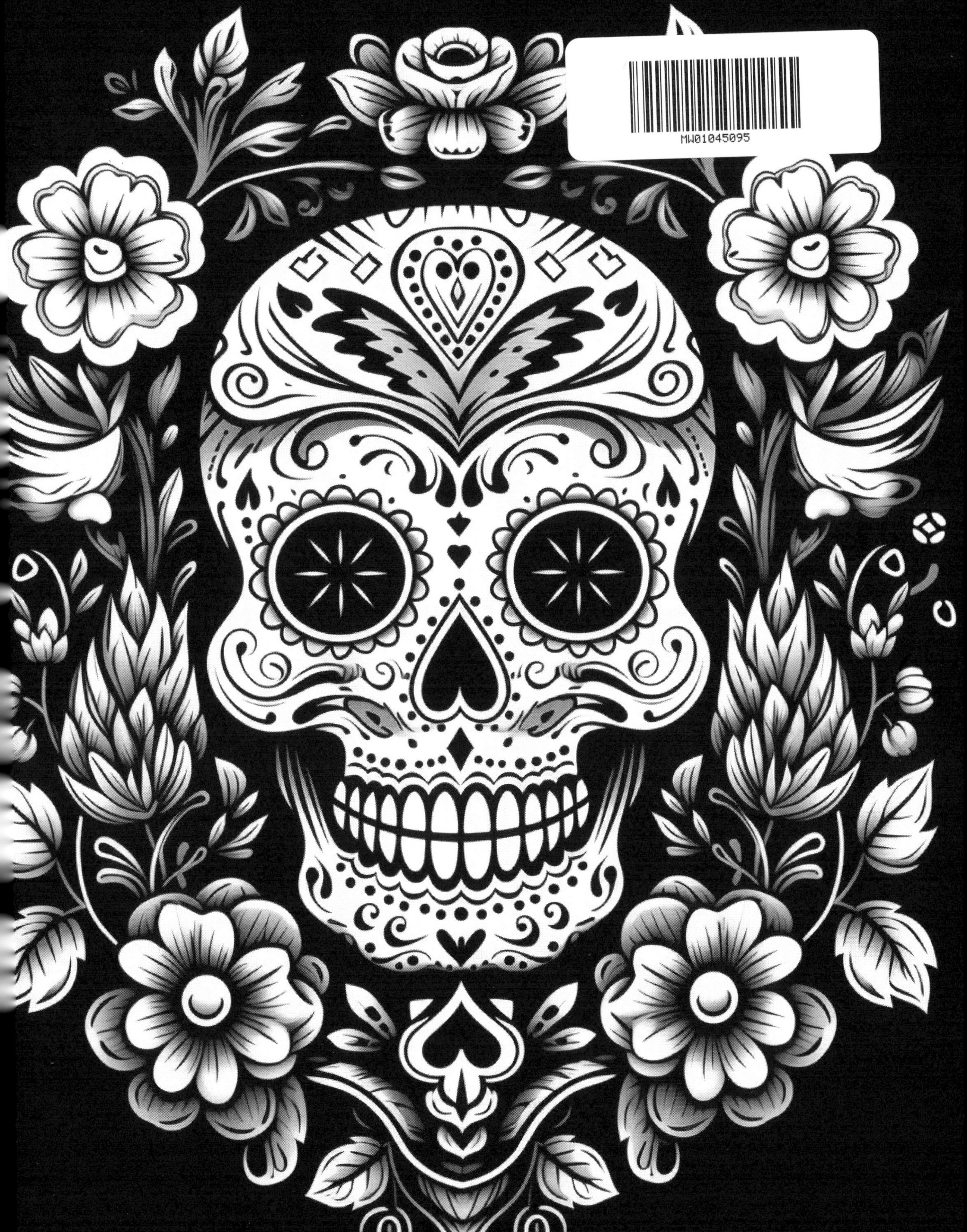

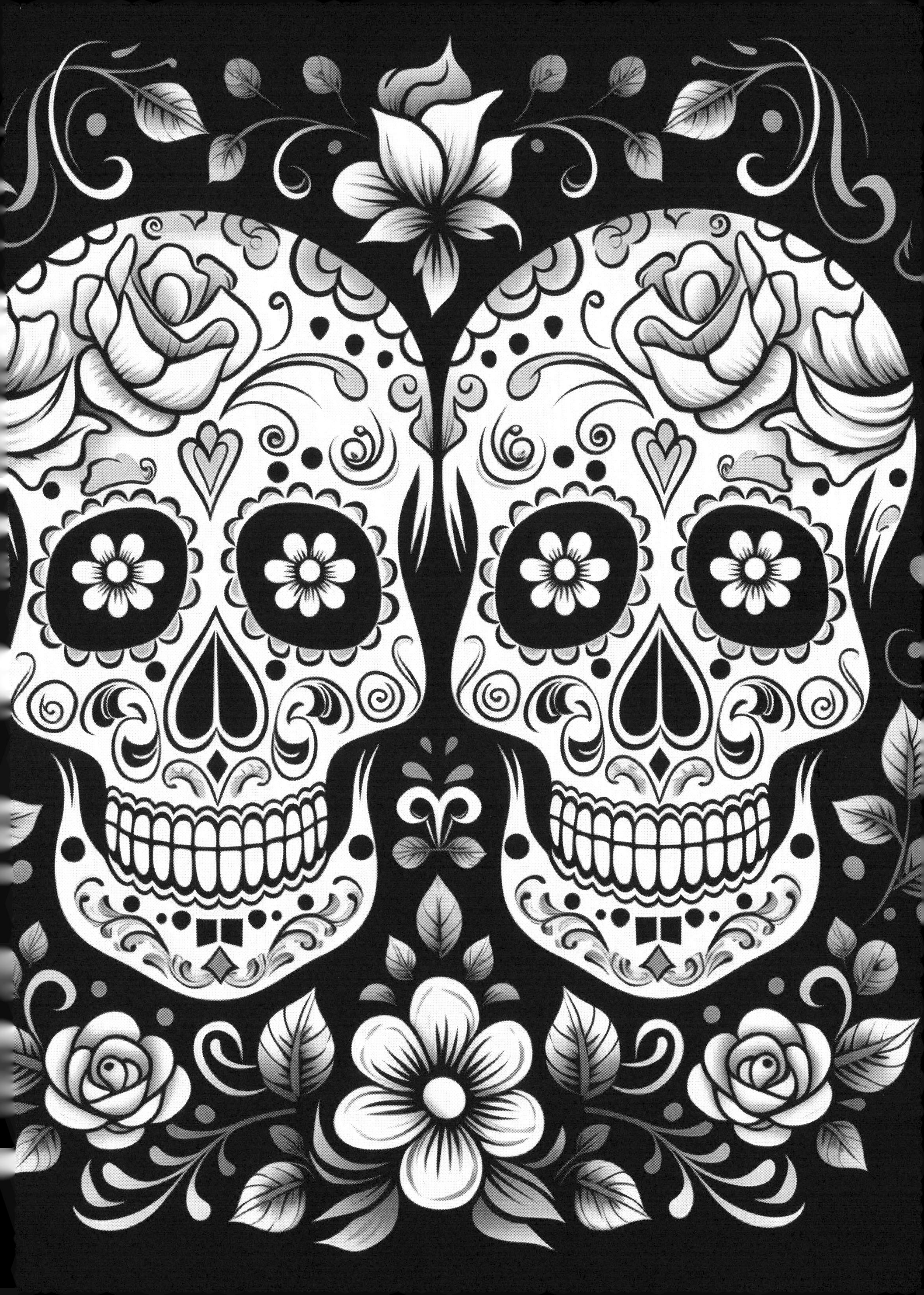

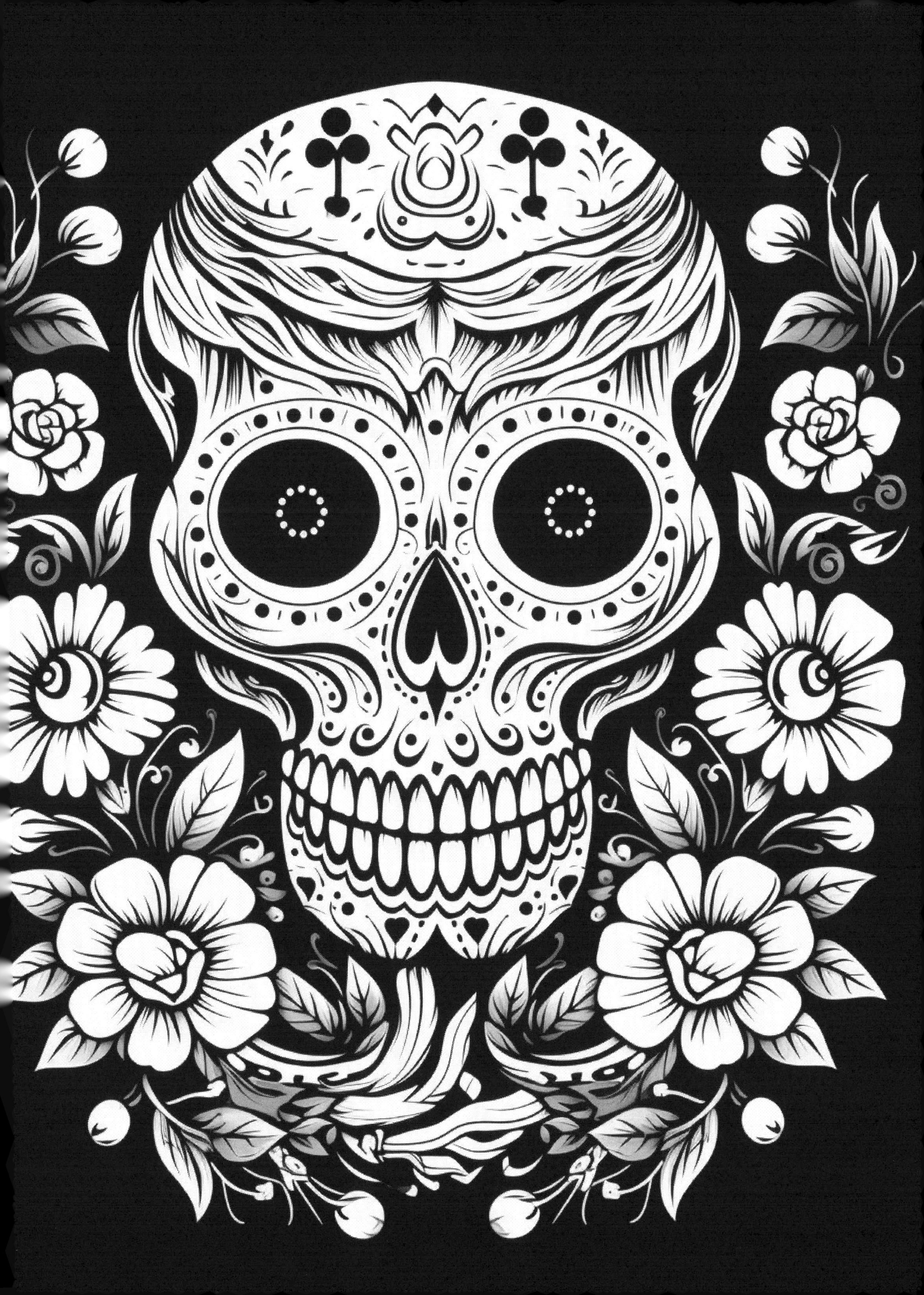

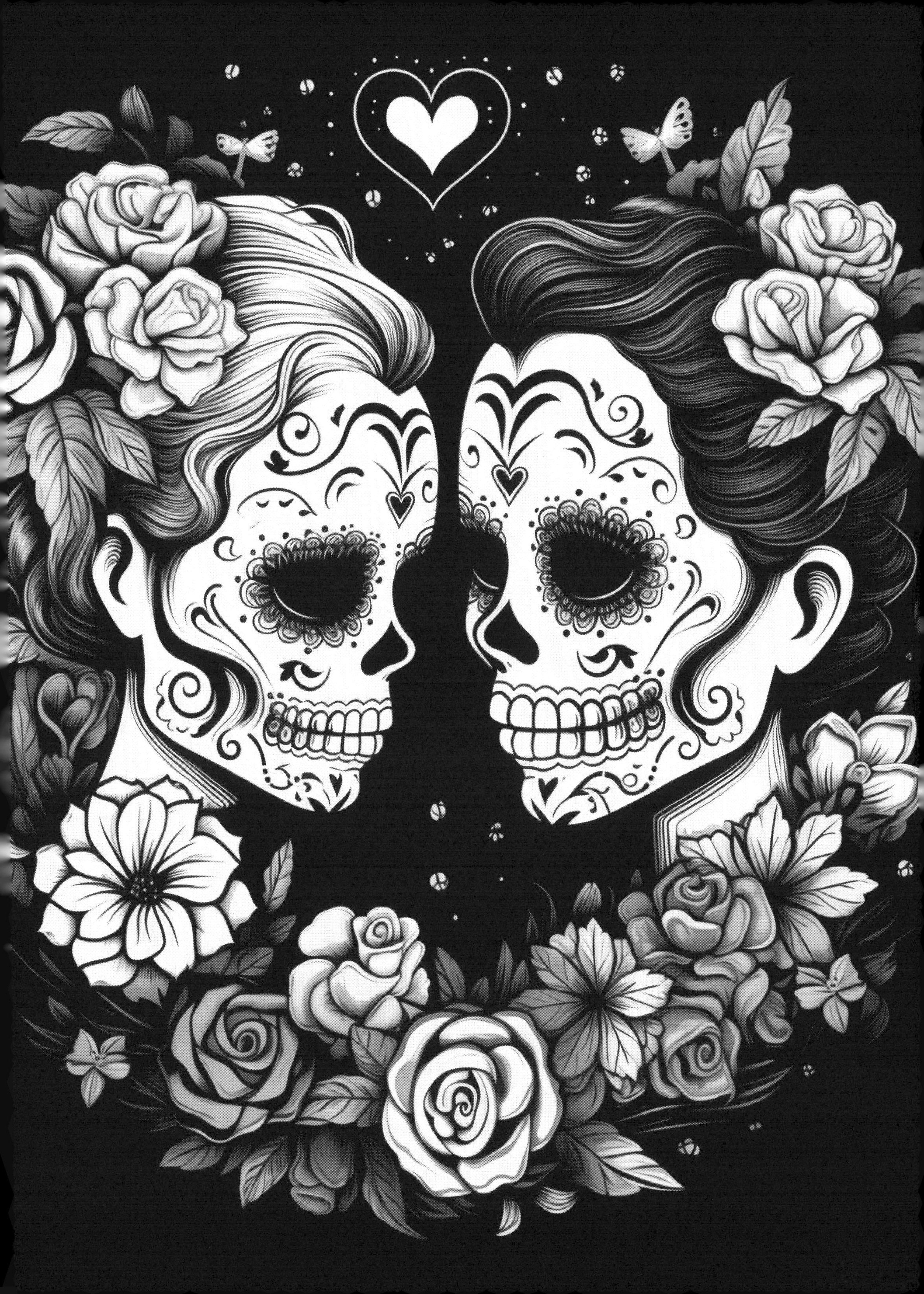

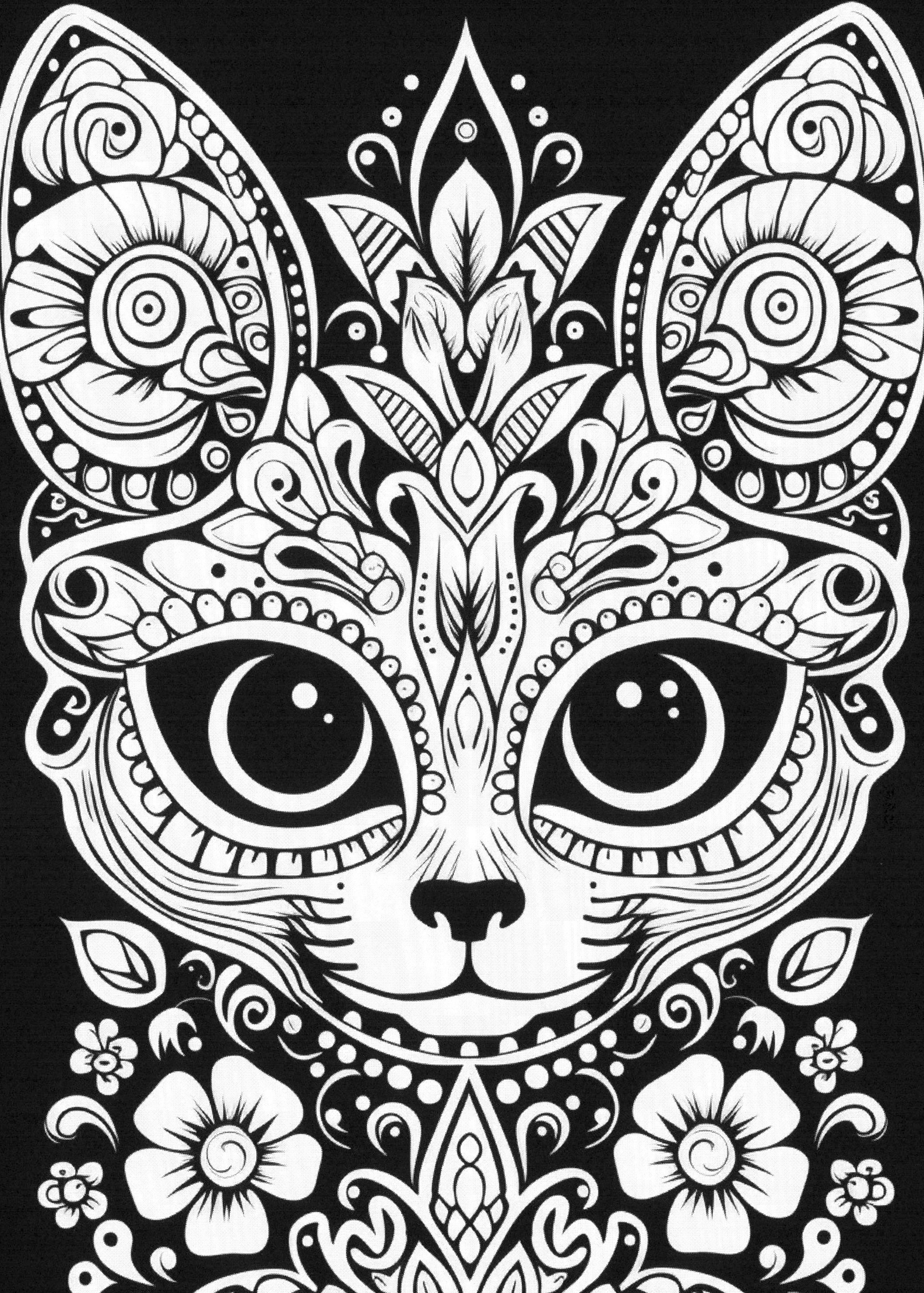

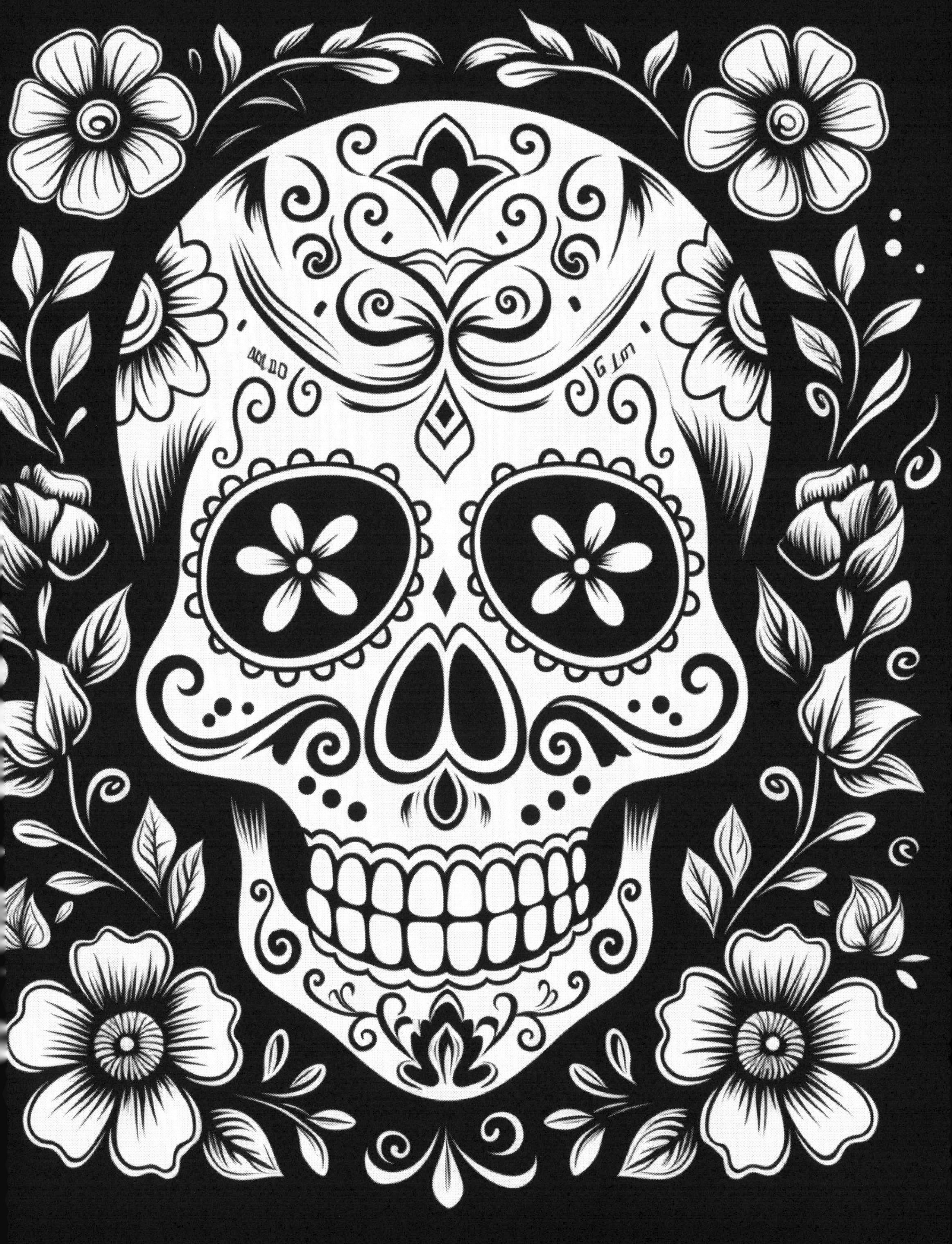

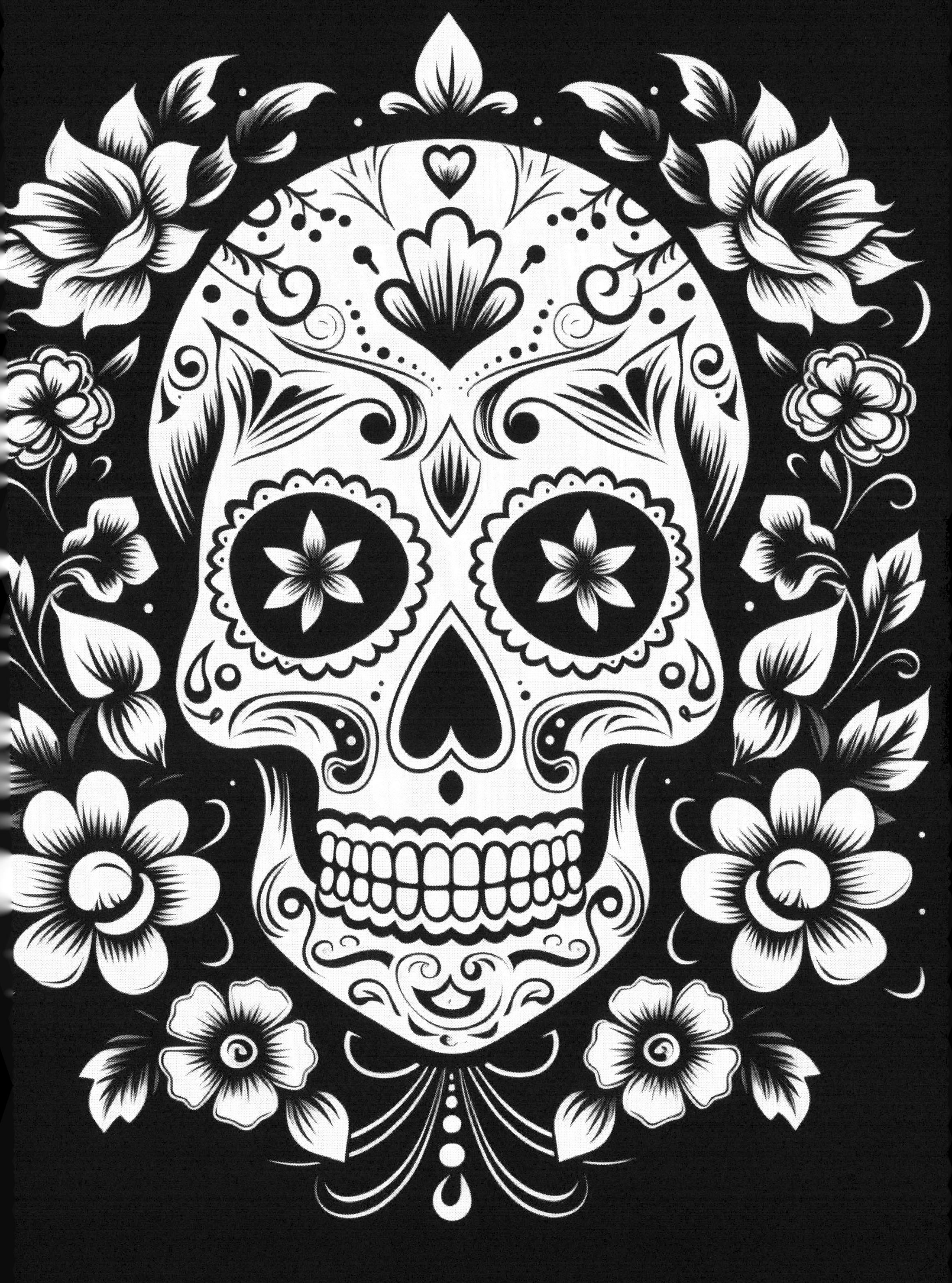

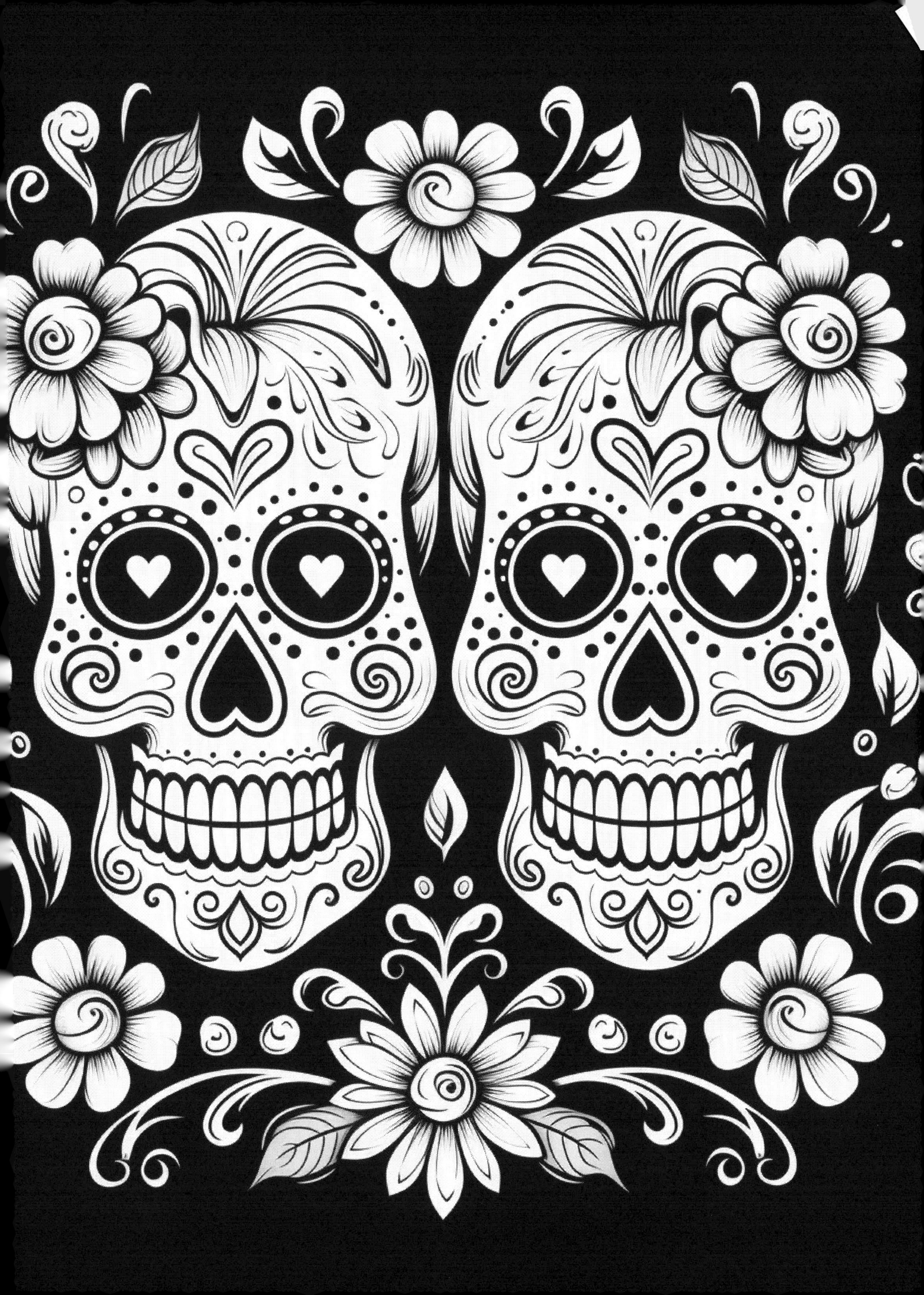

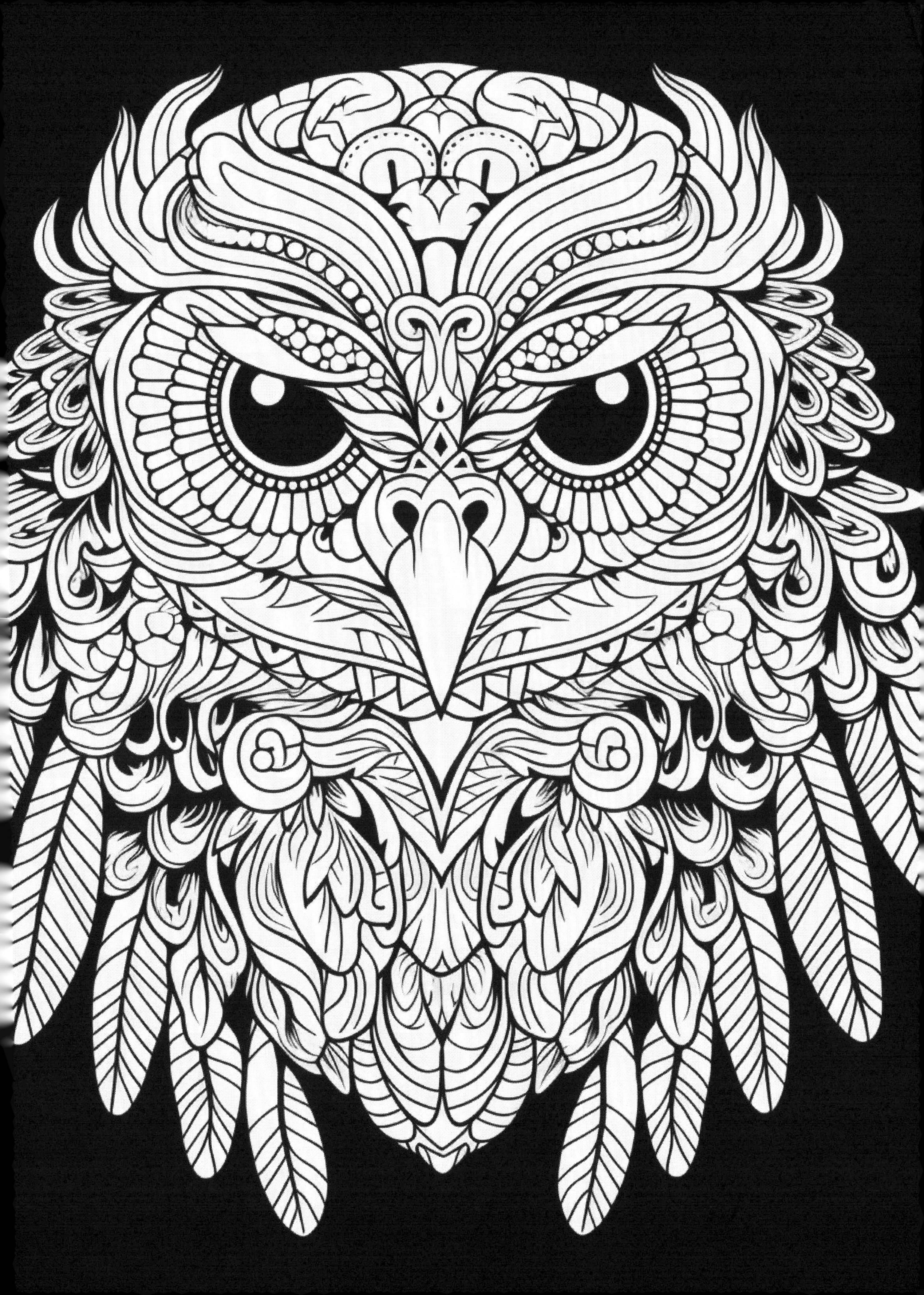

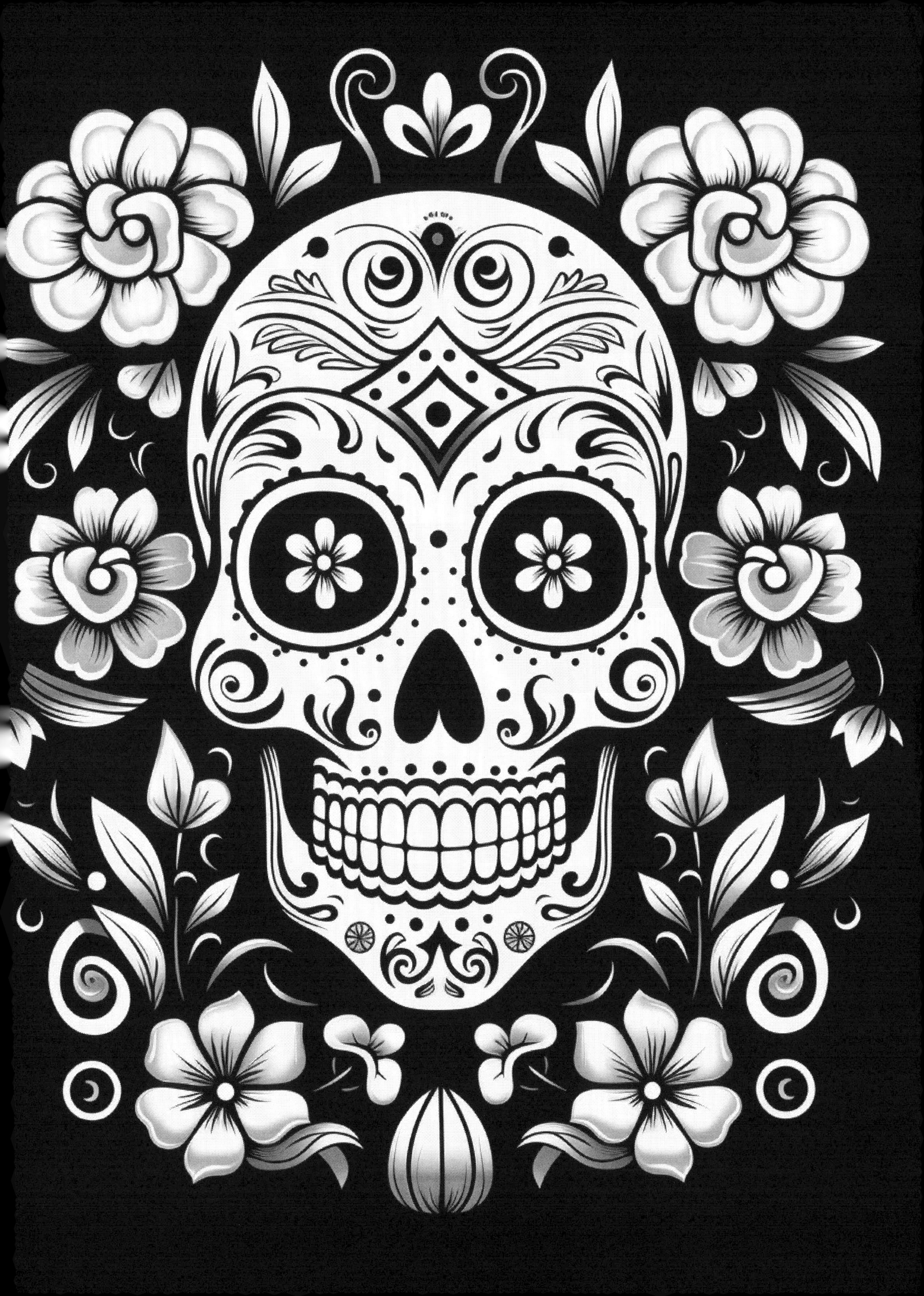

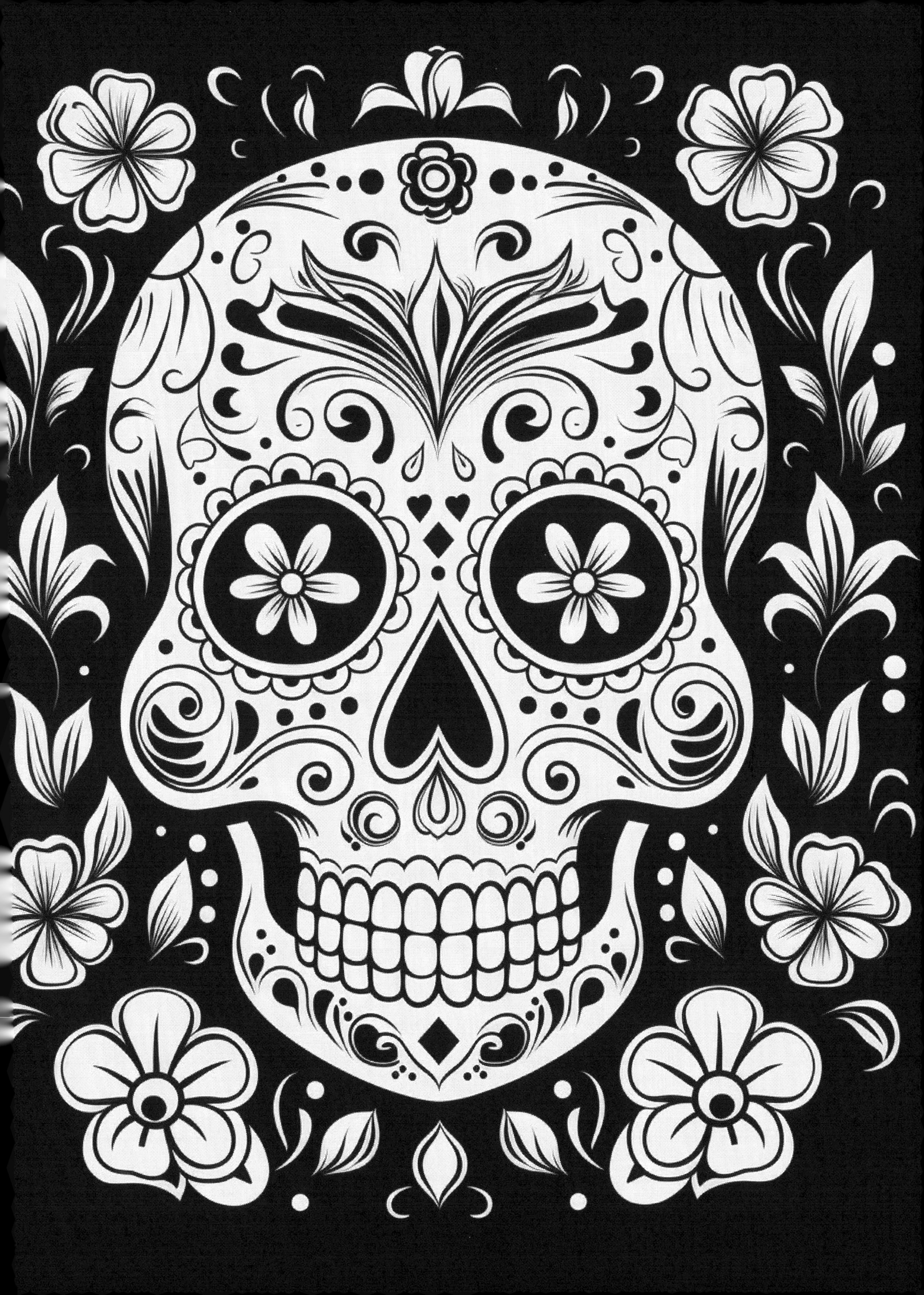

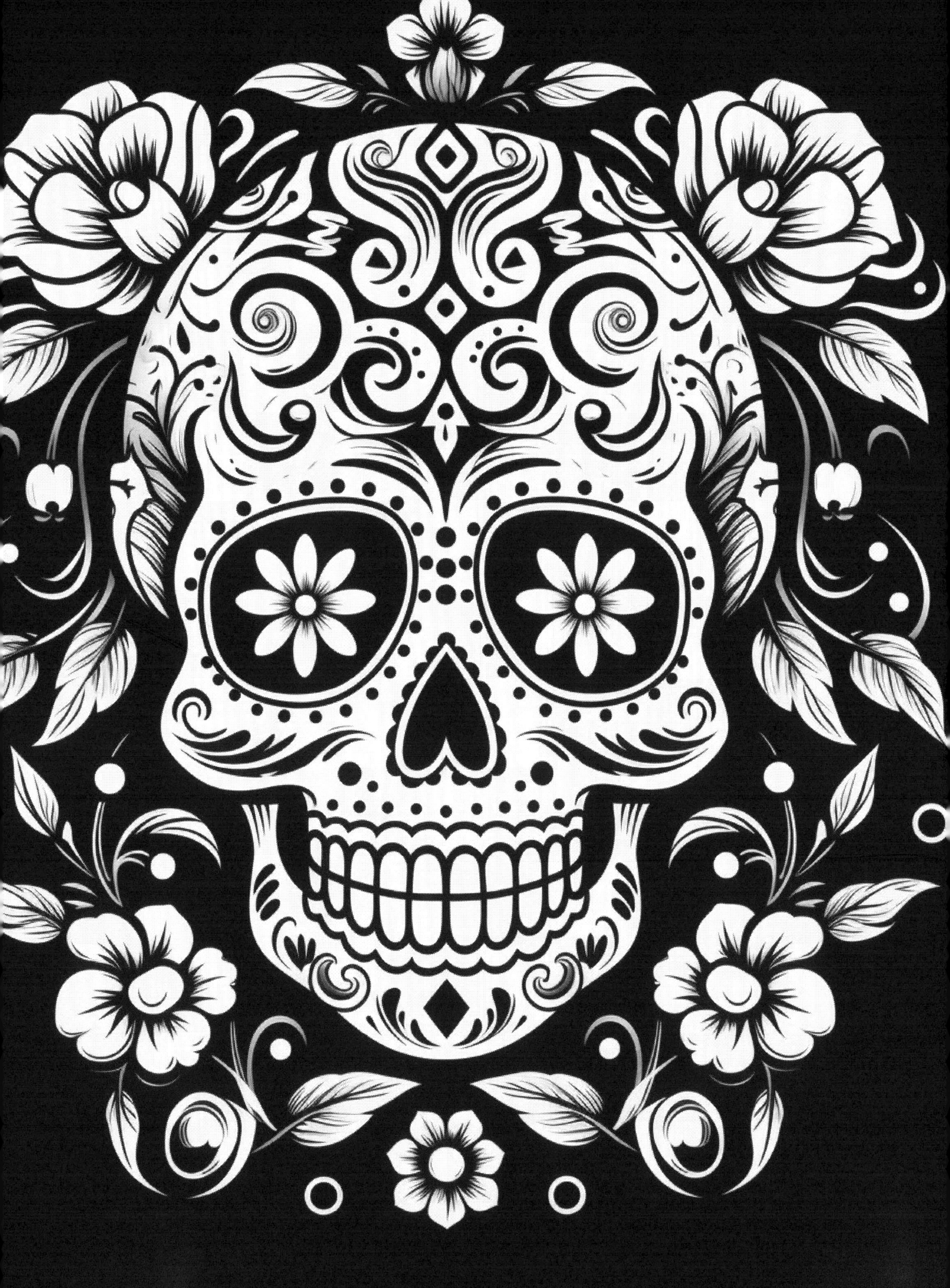

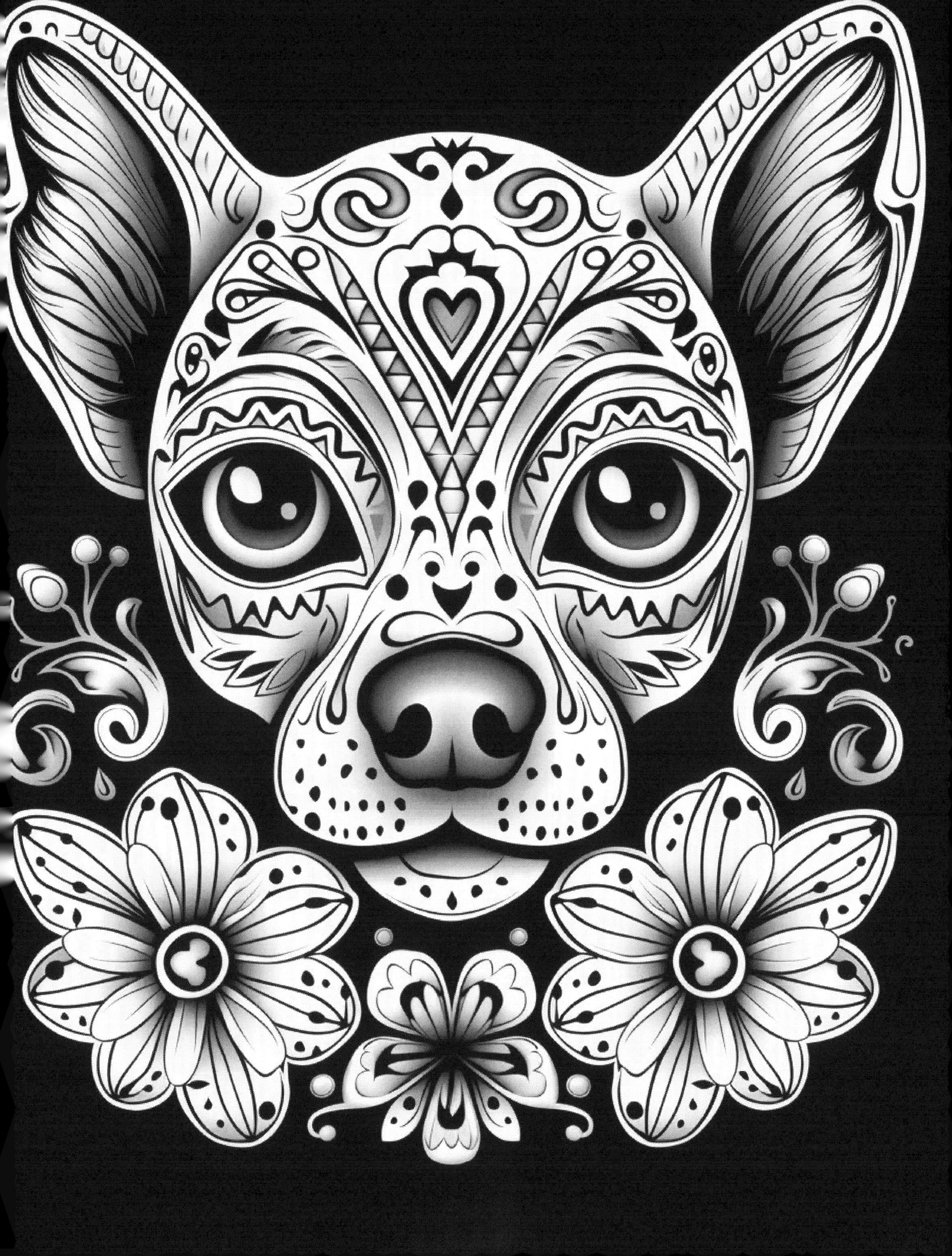

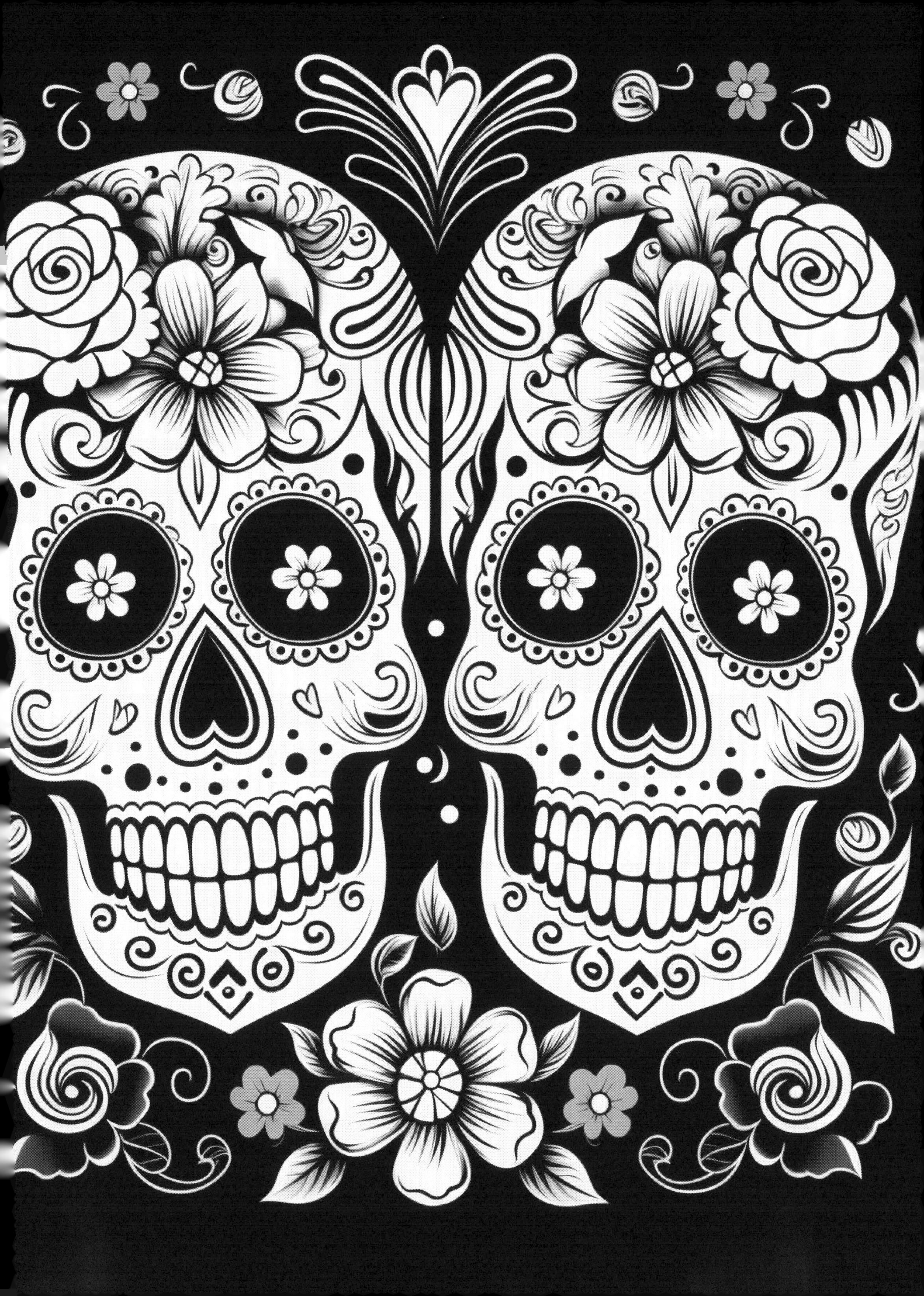

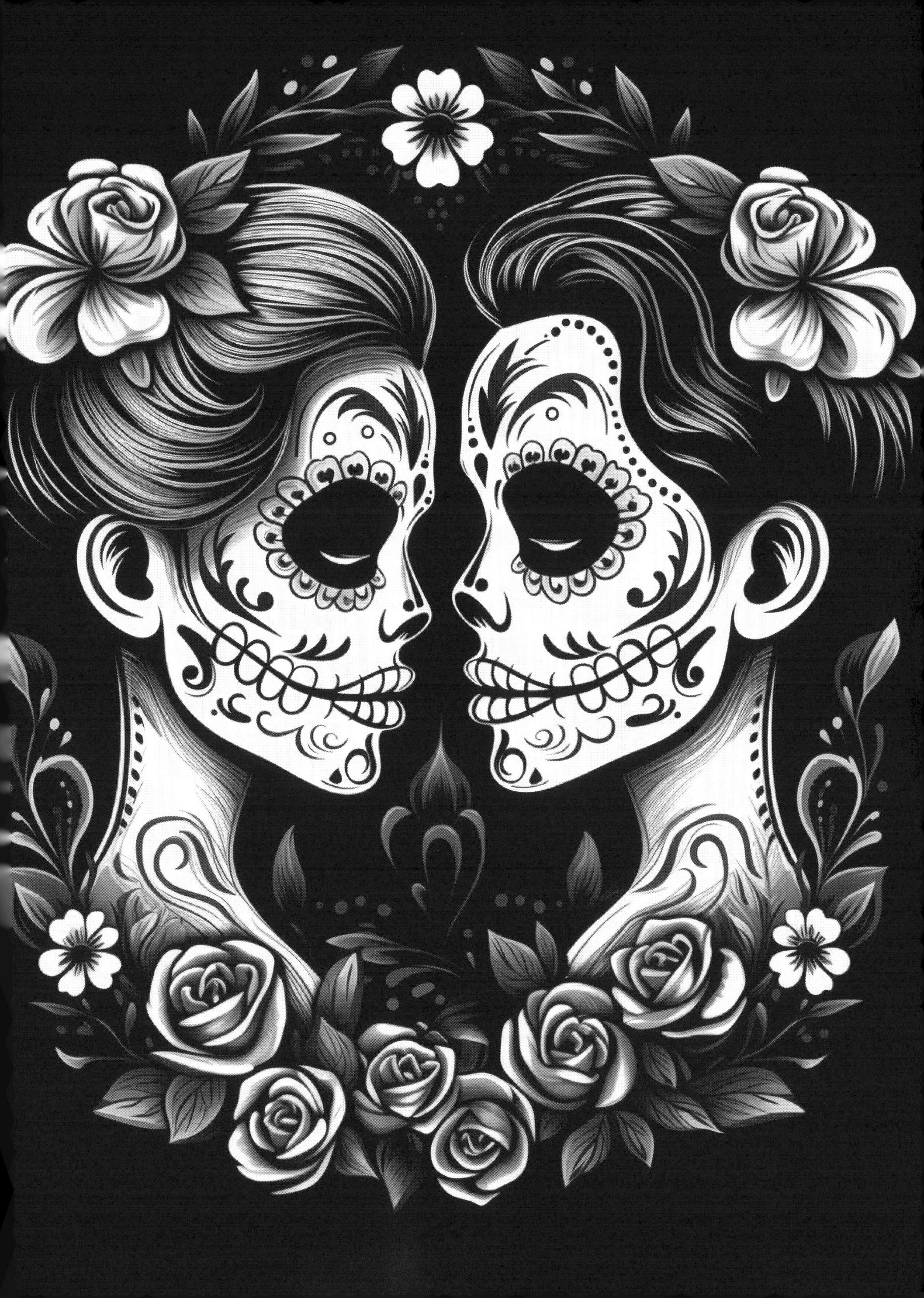

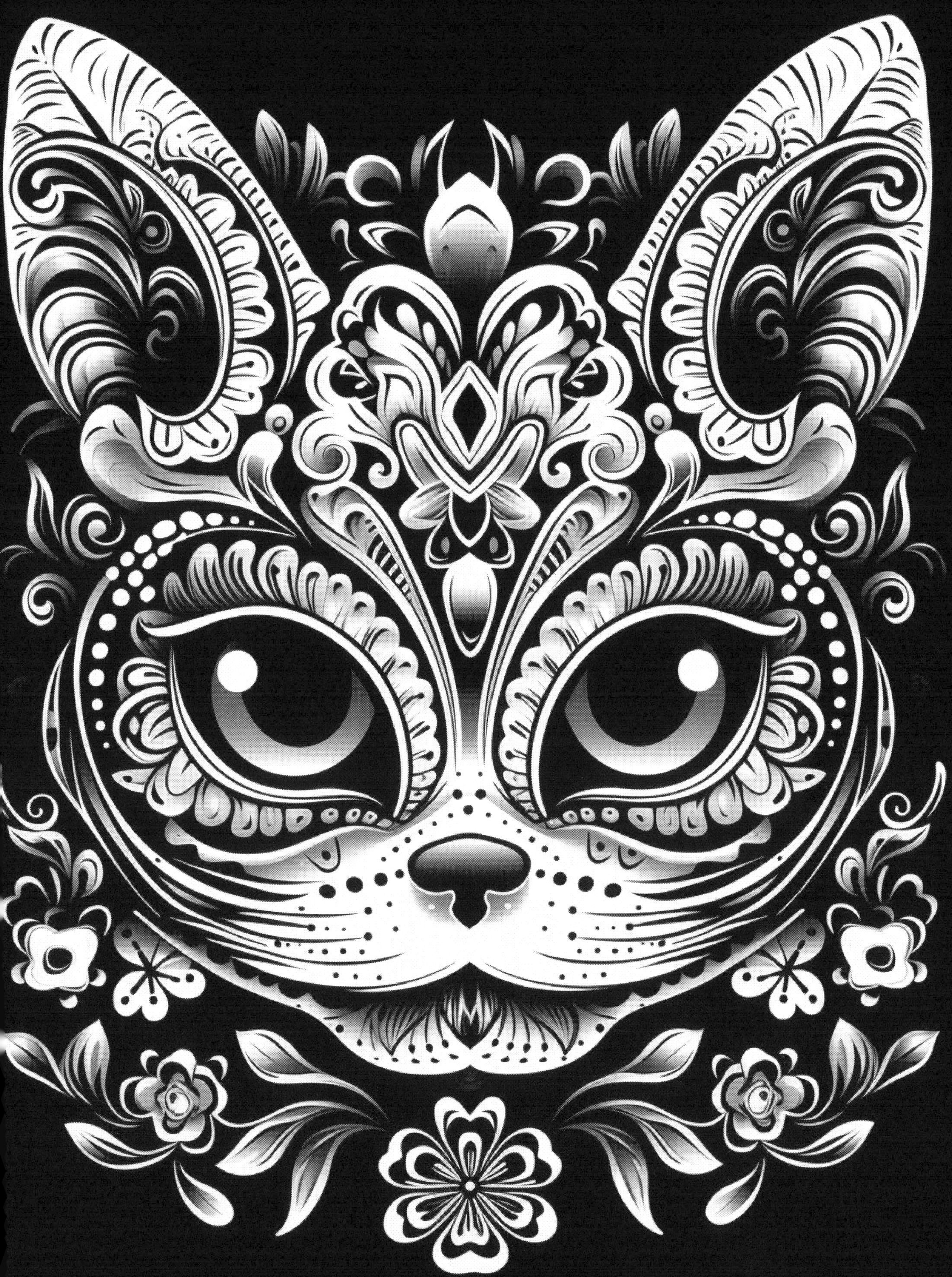

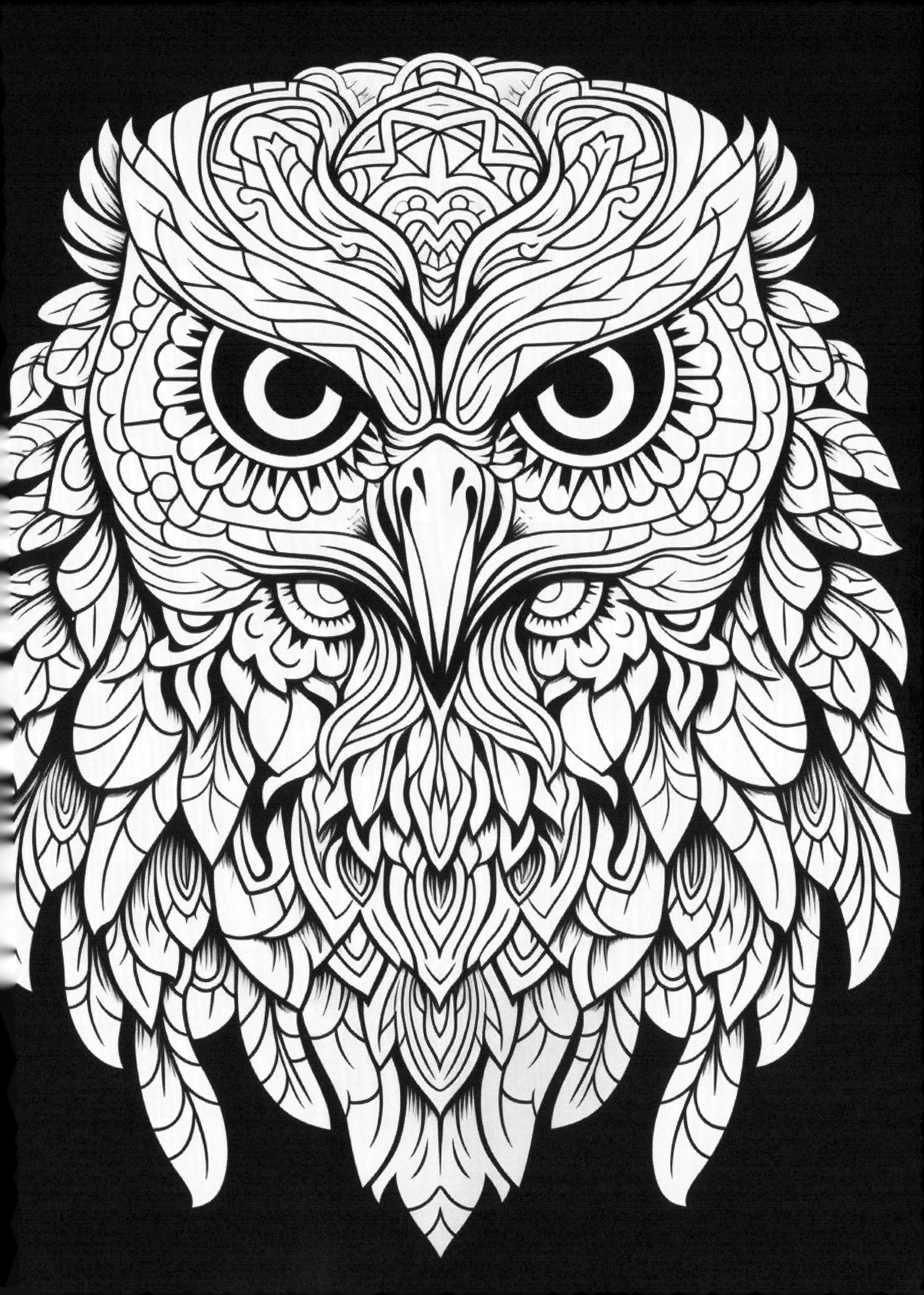

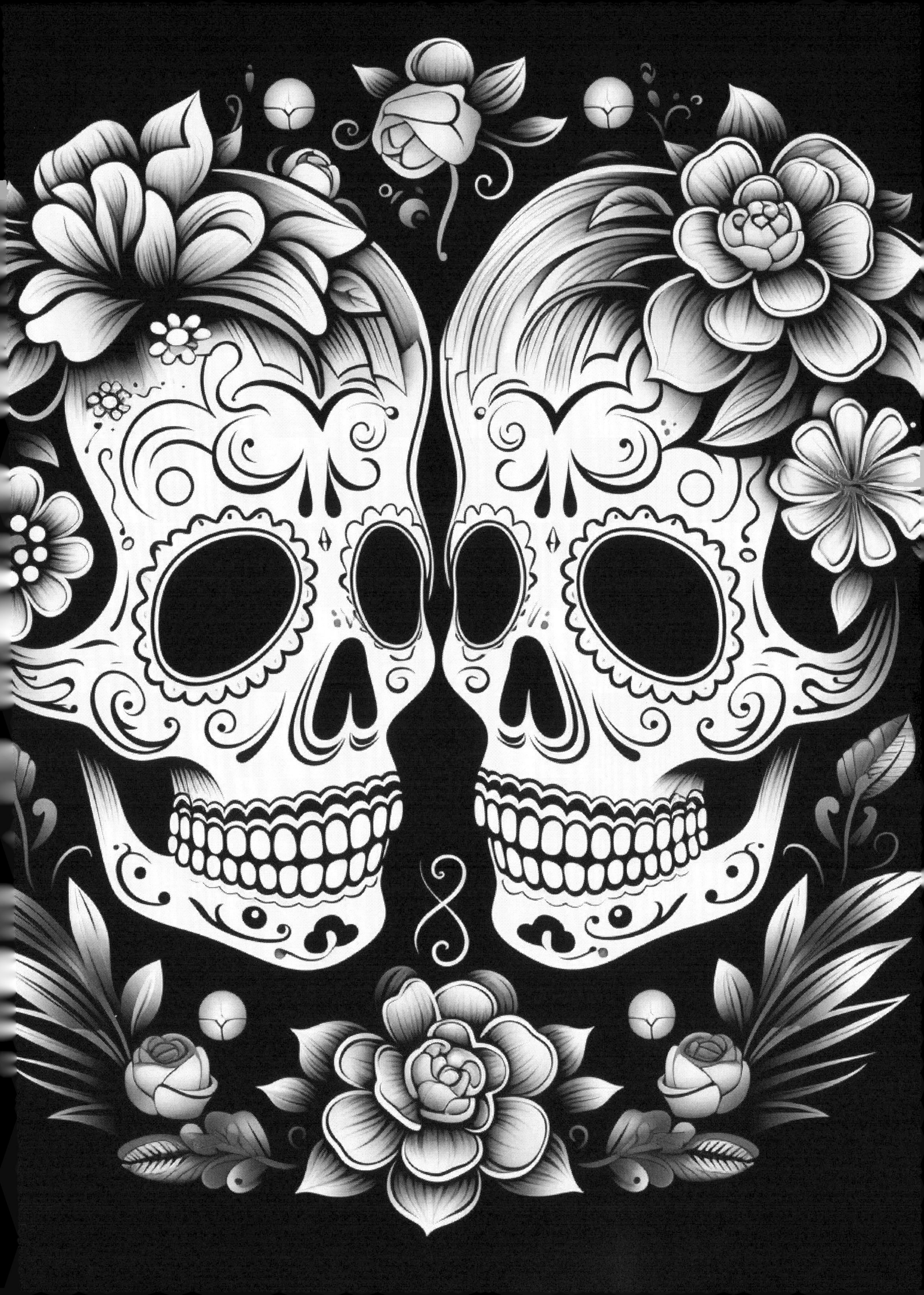

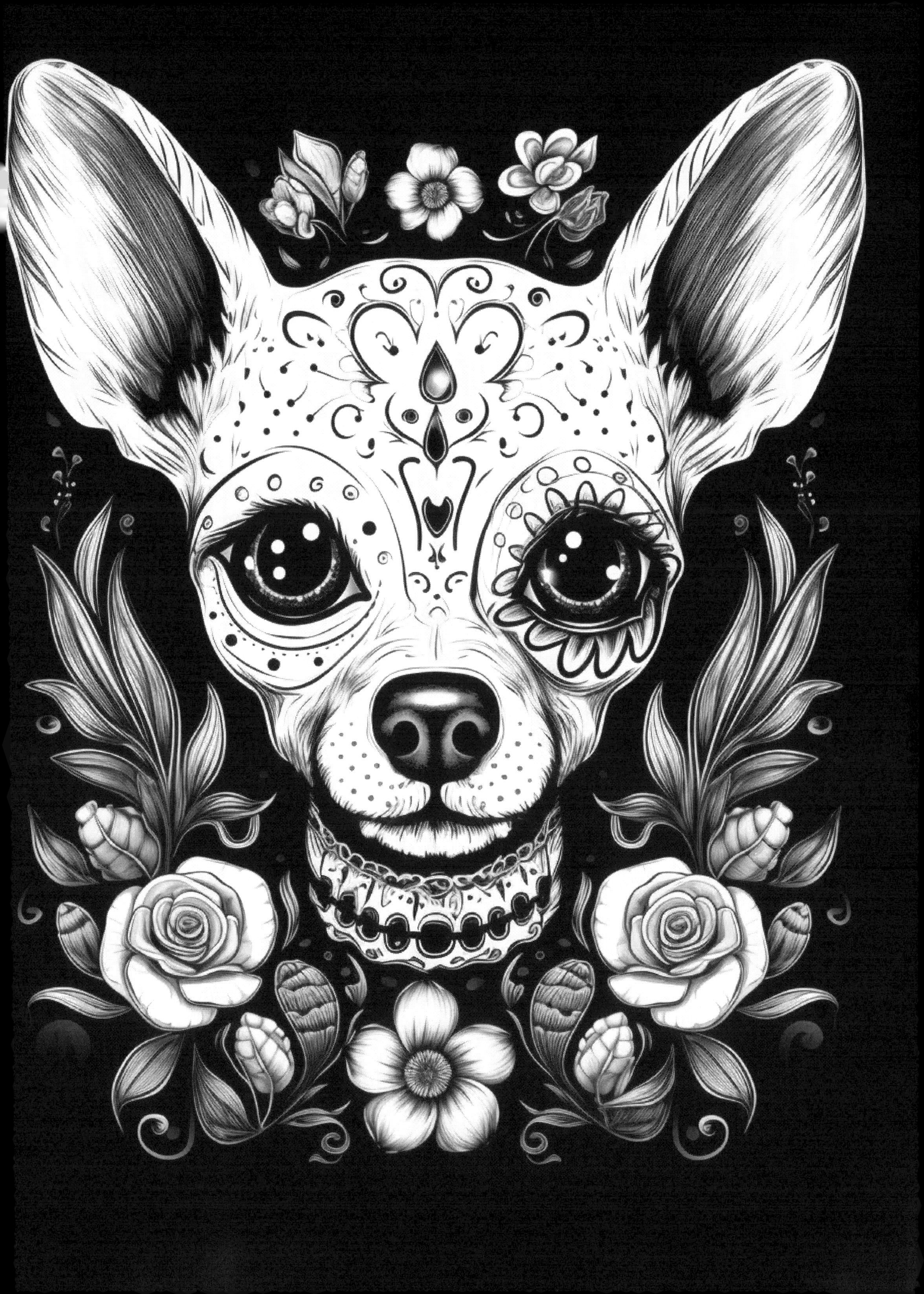

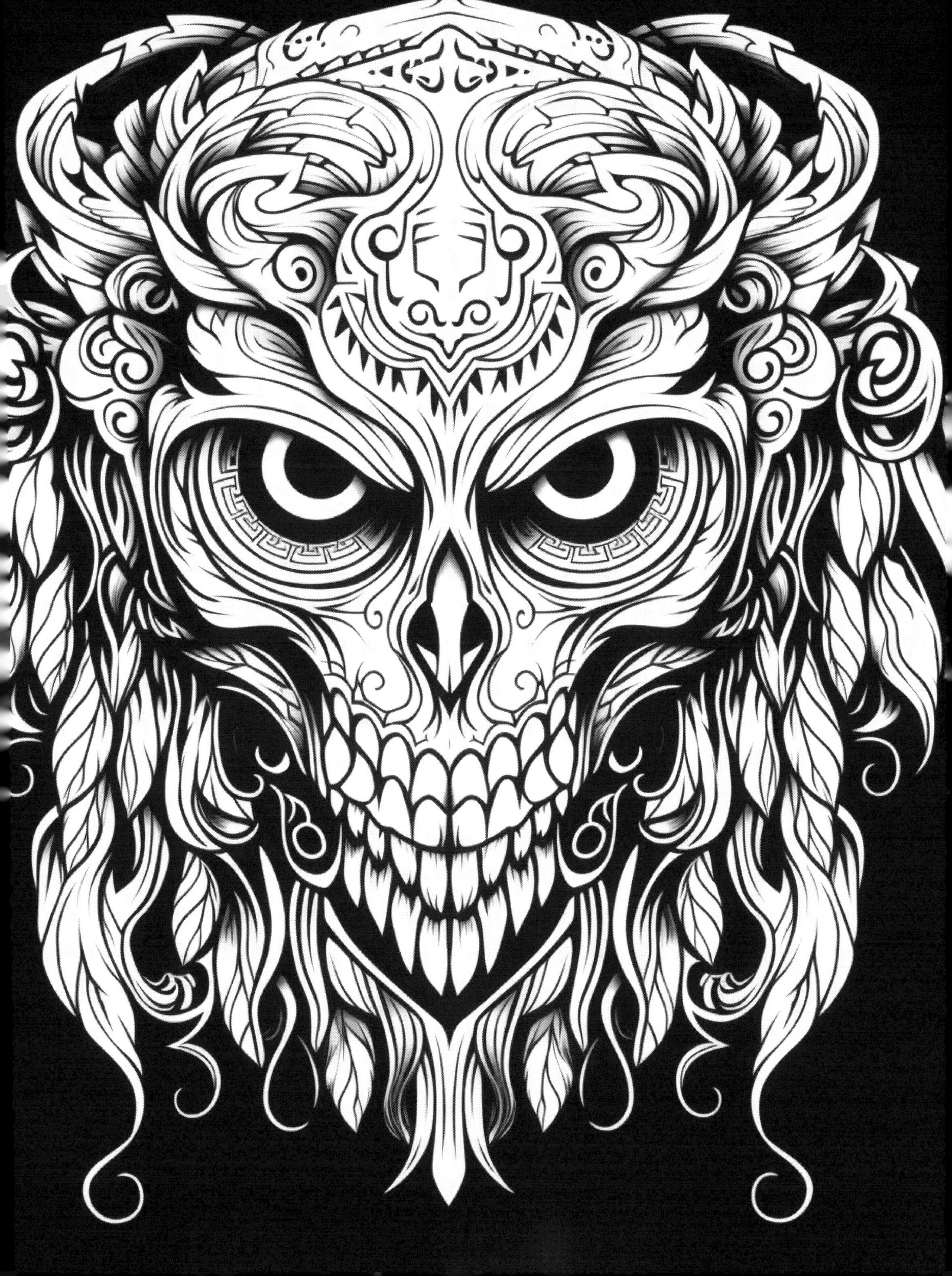

Made in the USA
Las Vegas, NV
29 August 2023

76828111R00024